Hartmut Ellrich

Das kleine Buch der sächsischen Schlossgärten

Rhino Westentaschen-Bibliothek
Band 108

Gablenz
Bad Muskau
Leipzig
Wülknitz
Großenhain
Nünchritz
Moritzburg
Bautzen
Seifersdorfer Tal
Nossen
Radebeul
Doberschau-Gaußig
Heidenau
Dresden
Großsedlitz
Niederwiesa
Waldenburg
Glashütte

Hartmut Ellrich

Das kleine Buch der *SÄCHSISCHEN SCHLOSS-GÄRTEN*

RHINOVERLAG

Titel: Lustgarten des Schloss Pillnitz. Foto: Silvio Dittrich

Fotos: S. 2: Verlag grünes herz; S. 9: Stiftung „Fürst-Pückler-Park Bad Muskau", Foto: Leo Seidel; S. 14/15: Michael aus Halle (CC BY-SA 3.0); S. 16, 25, 82: Jörg Blobelt (CC BY-SA 4.0); S. 18: Vmanteuffel (CC BY-SA 4.0); S. 20-21: Michaela Noack; S. 29: Marcel Quietzsch; S. 31: SchiDD (CC BY-SA 3.0); S. 34/35, 40/41, 57, 72: Ben Walther; S. 44/45: Gemeinde Gablenz; S. 48/49: Norbert Kaiser (CC BY-SA 3.0); S. 52: Stadtverwaltung Großenhain; S. 60/61: Heinrich Lischka | Gohliser Schlösschen gGmbH; S. 65: GZagatta (CC BY-SA 4.0); S. 66-68: A/S/L Schlossbetriebe gGmbh/Dittrich; S. 74/75: Radler59 (CC BY-SA 3.0); S. 78/79: Dieter Schulz; S. 84: Rigorius (CC BY-SA 4.0); S. 87: Robert Kalwis; S. 90/91: Henry de Jong

Der Autor dankt ganz herzlich Herrn RA Hildebrecht Braun und Regina Gräfin von Schlieffen (München), Familie Andreas Graf von Brühl-Pohl (Schloss Gaußig), Dres. Henry de Jong, Uwe Becker und Philipp Schurig (Wülknitz-Tiefenau), Landschaftsarchitektin Dipl.-Ing. Michaela Noack (Dresden) sowie den Vertretern des BildungsGutes Schmochtitz St. Benno (Bautzen), Henrike Schwarz (Landesamt f. Denkmalpflege Sachsen), Anita Radicke (Staatliche Schlösser, Burgen und Gärten Sachsen GmbH), der Gemeinde Gablenz (Rhododendronpark Kromlau), Maria Schade (A/S/L Schlossbetriebe gGmbH), der Stiftung Fürst-Pückler-Park Bad Muskau, allen nicht genannten Schloss- und Denkmaleigentümerinnen und -eigentümern sowie nicht zuletzt Lektorin Nicole Güntek vom RhinoVerlag.

Impressum

Am Hang 27, 98693 Ilmenau
Tel.: 03677 / 46628-0, Fax: 03677 / 46628-80
rhinoverlag@vggh.de, www.RhinoVerlag.de

Layout, Satz: Ute Schmidt, Geraberg
Schrift: Arno Pro
Titelgestaltung: Jana Rogge, Weimar

1. Auflage 2025

ISBN: 978-3-95560-108-9

INHALTSVERZEICHNIS

VORWORT

„Sachsens Glanz und Preußens Gloria" lautete der Titel einer dreiteiligen aufwendig verfilmten DEFA-Produktion der 1980er-Jahre. Im Mittelpunkt stand August der Starke als Kurfürst von Sachsen und König von Polen und es waren all diejenigen versammelt, die bis heute für Sachsens Glanz stehen. Im Mittelpunkt standen aber auch die Schlösser und Gärten, die seinerzeit halfen die Macht und das Repräsentationsbedürfnis so zur Schau zu stellen, wie es der Barockzeit eigen war: Moritzburg, Pillnitz und Großsedlitz. Schließlich waren Barockgärten Erweiterungen des Raumes nach Außen, spielte die barocke Mittelachse die zentrale Rolle. Sie bestimmte die Dimensionen eines Gartens, die Symmetrie und die Perspektive. Die Fest- und Gartensäle des Schlossinneren verbanden sich mit der Umgebung. Hier wurden Feste inszeniert und gefeiert (Zwinger, Großer Garten) es wurde gejagt (Moritzburg) oder der Entspannung Tribut gezollt (Pillnitz).
Manch sächsischer Garten endete in einem Pavillon als Point de vue (Schloss Wackerbarth), andere hat-

ten Alleen, die den Bezug zur umgebenden Landschaft herstellten (Zabeltitz, Pillnitz).
Blumenparterres bildeten den repräsentativen Auftakt, bevor meist zu den Seiten die Boskettzonen (Waldzonen) folgten. Damit erinnerten die Barockgärten an jene des Mittelalters, wo Blumen- und Baumgärten derart getrennt waren. Die Blumen des Barock wurden nach Farben, Größen und Massenwirkung ausgewählt und variierten nach Jahreszeiten: Im Frühling Tulpen, Iris und Hyazinthen, dazu Primeln, Veilchen und Nelken, im Sommer und Herbst Rosenarten wie Monatsrosen, Lilien, Päonien und Eisenhut.
Der Gestaltung waren keine Grenzen gesetzt, denn Musterbücher boten allerlei Hilfen. Buchsbaum wirkte in der Mehrzahl als rahmende Einfassung. Allerlei bunte Sande, Kohlen, Glasstaub, Ziegelstaub etc. konnte die Beete zusätzlich farblich akzentuieren. Treillagen, filigrane Bauwerke aus hölzernem Gitterwerk auf Metallunterkonstruktionen, wurden als Wandelgänge oder Gartenpforten genutzt und leiteten in die Boskette über, wo geschnittene Linden- oder Hainbuchenhecken eigene Räume schufen.

Und kein barocker Garten ohne Wasser! In Springbrunnen im Blumenparterre, Kaskaden, Spiegelbecken, Kanälen/Wasserachsen oder verspielten Grotten wirkte es belebend. Dafür wurden Pumpenhäuser und Hochbehälter errichtet, je nach Geldbeutel des Bauherrn.

Blick vom Schlossturm des neuen Schlosses in Bad Muskau auf den Fürst-Pückler-Park.

In Dresden öffneten sich die Schlösser mit ihren Gärten zum Wasser hin (Übigau, Japanisches Palais oder Pillnitz), konnten mit Prunkgondeln befahren werden und vermittelten das Bild eines sächsischen „Canale Grande". Viele Schlösser der Landesherren hatten Vorbildcharakter für die kleineren Gärten der Adligen und Standesherrn der Rittergüter (Tiefenau).

Die Antike spielte eine große Rolle – Gartenskulpturen folgten meist einem sorgsam inszenierten Figurenprogramm, wozu auch Brunnenanlagen (Palais Brühl-Marcolini) gehörten. Heute ist Vieles verloren, wirkt erst einmal nur schön und erbaulich und offenbart auf den zweiten Blick einen tieferen Sinn. Mit dem Wandel der Gesellschaft vom Barock zum Rokoko wandelten sich auch die sächsischen Gärten. Sie wurden intimer wie in Großsedlitz, Lichtenwalde oder überformt wie in Zabeltitz.

Gegen Ende des 18. Jahrhunderts lösten englische Landschaftsgärten die symmetrisch gestalteten Gärten ab oder bestanden in Kombination fort (Großer Garten Dresden, Zabeltitz). In diese Anlagen brachten die Bauherren, die auch weiblich sein konnten, eigene Ideen ein (Seifersdorfer Tal). Auch für die englischen Gärten gab es Standardwerke zum Gartenbau, die entweder als lose Orientierung oder straffe Richtschnur dienen konnten: Christian Cay Laurenz Hirschfeldts „Theorie der Gartenkunst" (1779–1785), die Bücher Humphry Reptons und seines Sohnes John Adey und später auch Pückler-Muskaus „Andeutungen über Landschaftsgärtnerei" (1834).

Park Greenfield, der heute leider als Grünfelder Park in der Namensgebung wenig sensibel mit der Ursprungsbezeichnung umgeht, nahm neben den englischen Vorbildern auch Wörlitz als Grundlage, wo der Garten neben aller Freude auch mit einem Bildungsauftrag verknüpft war. Die ordnende Hand eines „landesherrlichen" Architekten wie etwa Christian Friedrich Schuricht konnte Wunder wirken, neben Park Greenfield auch und gerade in Reinhardtsgrimma.

Die Zeit ab 1945 brachte für viele Gärten einen Einschnitt. Alte Eigentümer verschwanden, teils auch ihre Schlösser und Gärten, und wurden ganz neuen Zwecken zugeführt. Die vielfach fehlende Sensibilität mit den Gartendenkmalen wuchs bis in die 1980er-

Jahre beständig, auch die Bereitschaft vieler meist jüngerer Leute sich der Verantwortung zu stellen (Seifersdorfer Tal, Kromlau).
Nach 1989/90 wurden viele Gärten und Parkanlagen aufwendig restauriert, überwanden Grenzen, wuchsen wieder zusammen und gerieten zu Musterbeispielen europäischer Verständigung (Bad Muskau). Andere kamen in private Obhut (Gaußig) und folgen den Traditionslinien ihrer Familien. Mancher „Schatz am Wegesrand“ muss erst noch entdeckt werden. Doch durch neue Gartennetzwerke ist solchen Kleinoden die Aufmerksamkeit sicher, die sie verdienen. Der Garten in Schmochtitz am „Gartenkulturpfad beiderseits der Neiße“ ist solch ein Beispiel!

Und nun, liebe Leserinnen und Leser, kommen Sie mit ins Reich der sächsischen Gärten. Bringen Sie Zeit mit, genießen Sie das ganze Jahr hindurch die knorrigen alten und teils exotischen Bäume, die Kleinarchitekturen oder einfach die Natur schlechthin. Jeder Garten hat seine spezielle Zeit und seinen Reiz und möchte entdeckt werden!

FÜRST-PÜCKLER-PARK (Bad Muskau)

„Ist endlich alles: fertig, so wird ein großer Teil (ja der größte) von dem wahren Verdienste des Schöpfers dennoch dem fremden Beschauer unbemerkbar bleiben [...] je besser er gearbeitet hat." Dies bemerkte Hermann Ludwig Heinrich Fürst von Pückler-Muskau (1785–1871) in seinen berühmten „Andeutungen über Landschaftsgärtnerei" (1834) mit Blick auf den Muskauer Park. Die Anlage des Parks beruhte nach Pückler-Muskau auf einer „Grund-Idee", aus der gewachsenen Landschaft ein idealtypisches, „konzentriertes Bild, eine solche Natur im kleinen als poetisches Ideal zu schaffen". 1815 im Alter von 29 Jahren erklärte er den Bürgern von Muskau sein Vorhaben zur Anlage seines Parks. Während einer Englandreise 1814 hatte er erstmals die dortigen Landschaftsgärten studiert und seine Kenntnisse zwischen 1826 und 1829 bei einer erneuten Reise durch den Süden Englands, durch Wales und Irland, noch vertieft. Bereits 1817 hatte die Parkfläche den Umfang von 598 ha angenommen, in etwa die doppelte Größe des

Parks von Sanssouci. Ab 1825 entstand jene parkseitige Rampe zwischen Schloss und Pleasureground, für die der Berliner Architekt Karl Friedrich Schinkel Entwürfe geliefert hatte und die den Schlosshof auf so wundersame Weise mit der Landschaft verbindet. Der Blick reicht von hier aus tief nach Osten, über die Lausitzer Neiße bis hinauf zum Pücklerstein oder zum einstigen Mausoleum. Wie zufällig angeordnete

Blick über die Lausitzer Neiße zum Neuen Schloss

Baumgruppen gliedern den Park in einzelne Bereiche, jeweils angeordnet nach den Regeln des Goldenen Schnitts. Stattliche Bäume konnte Pückler mit Hilfe eines Großbaumverpflanzwagens umsetzen lassen. Die Methode hatte er in England kennengelernt. Um sein Schloss herum ließ er Blumengärten anlegen, dazu eine Orangerie, ein Ananashaus sowie eine Gärtnerei. Pückler liebte die seinerzeit kostbare Ananas. Seit 2012 wird sie in Bad Muskau wieder kultiviert. Wertvolle Aufzeichnungen gehen auf Carl Eduard Adolph Petzold (1815–1891) zurück, der in Muskau als Park- und Garteninspektor wirkte und als Gartengestalter auf 174 Parks und Gärten zurückblicken konnte. Muskau und Fürst Pückler blieben für Petzold zeitlebens prägend. Doch der Park verschlang

Unsummen, die der Fürst 1845 nicht mehr aufbringen konnte. Er musste verkaufen und zog nach Branitz, wo er erneut einen Landschaftsgarten anlegen ließ. Muskau ereilte 1945 ein tragisches Schicksal. An der Nahtstelle der Oder-Neiße-Linie gelegen, fielen weite Teile an Polen. Die Lausitzer Neiße wurde durch das Potsdamer Abkommen zum Grenzfluss. Seit 2004 zählt der wiederhergestellte, grenzübergreifende Park zum Welterbe der UNESCO. Der Fürst wird als Begründer der modernen Landschaftsgestaltung hochgeschätzt. Initiiert wurde die Aufnahme auf die Welterbeliste übrigens von der polnischen Parkverwaltung in Warschau. So ist der Muskauer Park / Park Mużakowski heute einmal mehr ein gelebtes Stück Europa, dessen Brücken wieder Menschen miteinander verbinden – auf einer Fläche von rund 860 ha!

Die Fuchsienbrücke im Fürst-Pückler-Park

SCHLOSSPARK SCHMOCHTITZ (Bautzen)

Schöpfer des Gartens von Schmochtitz war der kurfürstlich-sächsischer Hausmarschall Peter August von Schönberg (1732–1791), Kammerherr Friedrich Augusts II., Sohn Augusts des Starken. Schönbergs Funktion lag in der Verwaltung der Schlösser und Gärten in Sachsen. Er ließ nach 1763 durch den Baukondukteur Matthäus Daniel Pöppelmann d. J. einen formalen Garten im Stil des Rokoko anlegen. Der im Kern spätbarocke Schmochtitzer Garten besteht aus zwei Teilen, einen nördlichen Bereich um das Schloss bzw. ehemalige Rittergut und einen südlichen jenseits der Straße nach Loga. Beide Gartenteile hat Pöppelmann durch eine Lindenallee miteinander verbunden, wobei das Schloss die Hauptachse vorgibt. Der unmittelbar an das Schloss grenzende Teil atmet noch den Geist des Rokoko. Hier finden sich auch die frühere Orangerie (heute Wohnhaus) und der ehemalige Nutz- und heutige Paradiesgarten.

Denkmal für Kurfürst Friedrich August III.

Wasserführende Gräben begrenzen den Bereich im Westen und Süden. Eine Sphinx aus der Zeit um 1820 blieb hier ebenso erhalten wie ein kreisrunder Springbrunnen mit Delphinskulptur. Beide Arbeiten sind aus Sandstein. Westlich der Gutsanlage schließt ein englisch gestalteter Parkteil an. Aus der von Schönbergschen Zeit stammt auch der einstige Sonnentem-

Parkanlage Schmochtitz im Herbst

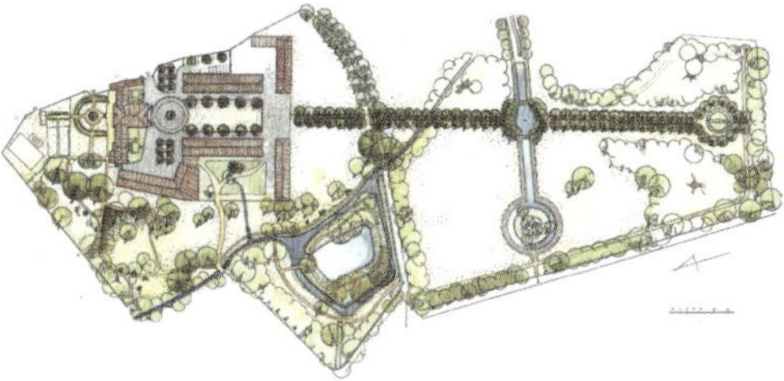

Skizze: Parkanlagenrekonstruktion von Michaela Noack

pel in einem Wäldchen rund 1 km nordwestlich des Schlosses. Von ehedem vier Schneisen bildet die zum Gut hin orientierte Achse eine optische Verbindung. Viel ist von dem frühklassizistischen Monopteros heute nicht mehr erhalten. Er fiel im Januar 1955 einem Orkan zum Opfer und wurde nicht rekonstruiert. Ursprünglich trugen acht toskanische Granitsäulen eine einfaches Holzgebälk mit einer geschweiften Haube. Deutlich besser erhalten als der Parkteil um den Sonnentempel blieb jener südlich der Straße mit der beherrschenden zum Gut hin quergelegten Wasserachse. Auch sie geht auf Pöppelmann d. J. zurück. Bezugspunkt oder Point de Vue vom Gutshaus bildet das Denkmal für den Kurfürsten Friedrich August III. (1750–1827) am südlichen Ende der Lindenallee. Das reizvolle rund 4 m und über 1 m breite Werk aus Sandstein ist in Gestalt einer Palme errichtet worden, wohl als Ausdruck des andauernden blühenden Wohlstandes. Die Palme erwächst aus einem stilisierten felsenartigen Unterbau mit einer Inschrifttafel, die an den Denkmalszweck erinnert. Gewidmet hat es Bauherr Peter August von Schönberg 1769 dem sächsischen Kurfürsten. In der Mitte des Stammes prangt ein Medaillon mit einem Reiter, ehedem von einem Kinderengel gehalten und nach einem Modell in Schloss Neschwitz gestaltet. Unter Schönbergs Tochter wurde Schmochtitz 1820 verkauft. Der neue Besitzer Johann Siegismund von Riesch (1750–1821) ließ insbesondere den südlichen Parkteil in einen Landschaftsgarten umgestalten. Er starb bereits 1821. Weitere Veränderungen erfolgten unter dem bürgerlichen Besitzer Wilhelm Otto Thost, einem Zwickauer Fabrikanten, um 1900. Seit 1921 befindet sich das Objekt im Besitz der katholischen Kirche, die hier heute ein Bildungsgut betreibt und auch die Gärten behutsam konserviert und restauriert.

LANDSCHAFTSGARTEN GAUSSIG (Doberschau-Gaußig)

Einer der größten Landschaftsgärten der Oberlausitz liegt im beschaulichen Gaußig, rund 11 km südwestlich von Bautzen. Auf rund 30 ha Fläche findet sich ein teils uralter Baumbestand mit einer Christuseiche von 1450, einer Götterplatane von 1750, einem der größten Tulpenbäume Sachsens sowie zahlreicher Rhododendren. 1747 gelangte Gaußig in den Besitz der Familie von Brühl, die es nur drei Jahre behielt. 1747 bis 1750 ließ Heinrich von Brühl, der Premierminister Augusts des Starken, einen Barockgarten anlegen. Johann Christoph Knöffel (1686–1752) lieferte die Pläne. Teile davon, ein Kanal und ein 2010 von der Brühlschen Familie rekonstruierter Pavillon, blieben im heutigen Landschaftsgarten erhalten. Dieser großzügige Gartenraum entstand ab 1803 durch James Ogilvy, den siebten Earl of Findlater und vierten Earl of Seafield (1750–1811), einem schottischen Landschaftsarchitekten. Den Auftrag dazu hatte er von Gräfin Henriette von Schall-Riaucour erhalten, deren Familie Gaußig nach den von Brühl und von Keyserlingk bis zur Enteignung 1945 gehörte. Die Rhododendren aus der Zeit von 1840 bis 1870 gehören zu den frühen ihrer Art in Sachsen. Sie gehen auf Züchtungen des Dresdner Hofgärtner und Pflanzenzüchters Johann Heinrich Seidel (1744–1815), „Vater des Dresdner Gartenbaues" zurück. Er kultivierte Arten, die an die klimatischen Bedingungen Sachsens angepasst waren. Gaußig wirkt durch offene Wiesenbereiche und Waldpartien ebenso lebendig, wie durch Fließgewässer und Seen, darunter den Schwanenteich. Besonders reizvoll sind die Ausblicke in die umgebende Landschaft. Seit 2005 ist Gaußig im Besitz der Familie von Brühl-Pohl, die das Schloss vor dem drohenden Verfall bewahrte, sukzessive sanierte, restaurierte und mit viel Geschick und Liebe zum Detail wieder zum Leben erweckte. Das Besondere ist die Kombination aus Schlosshotel und privatem Wohnsitz der Familie. Oftmals blieben Schlösser zwischen Ostsee und Thüringer Wald nur als leeren Hüllen zurück. Das sind Orte, denen die Seele fehlt! Die von Brühl-Pohls knüpfen an das Engagement ihrer Vorfahren an und Gaußig ist dafür wie geschaffen. So kehrte neues Leben in alte Mauern zurück. Nur wenige Schlösser zwischen Mecklenburg-Vorpommern im Norden und Thüringen im Süden atmen seit 1990 wieder den Geist ihrer Familien. Das größte Schloss der Oberlausitz gehört heute wieder hinzu und mithin der größte privat bewirtschaftete Landschaftspark Sachsens. Das Besondere: weite Teile sind öffentlich zugänglich und erfreuen sich vor allem zur Rhododendronblüte großer Beliebtheit!

Schloss Gaußig mit Gartenanlage

ZWINGER (Dresden)

„Man kann nicht leicht etwas Schöneres und Prächtigeres sehen als den neuen Zwinger – oder Schlossgarten [...]", bemerkte der Diplomat und Großonkel Goethes Johann Michael von Loen 1723 über den Zwinger. Wäre es nach dem Grafen Wackerbarth als obersten sächsischen Bauherren des Königs gegangen, wäre der irritierende Name sicher längst verschwunden. So aber ist seine Lage im Festungsbereich bis heute ablesbar geblieben, auch architektonisch. Man denke an den Zwingerwall! 1709 bis 1719 ist die Anlage am „scharfen Eck", der westlichsten Spitze des Festungswalls, nach Plänen Matthäus Daniel Pöppelmanns (1662–1736) entstanden. Das Vordringen in die Festungsbereiche sollte sich in der Folgezeit wiederholen – in Mannheim und Würzburg! Militärische Bedenken mussten hier und dort zurückstehen. Dem großen Kunsthistoriker Fritz Löffler zufolge lagen die Vorbilder für den Zwinger in Italien (Florenz & Rom), Wien, in Böhmen und Frankreich. Der Gebäude umschließen heute einen Innenhof von 170 m x 204 m, bei einem nahezu quadratischen Zentrum von 106 m x 107 m. Georg Dehio bezeichnete den Zwinger nicht nur als ein dekoratives, sondern auch als ein architektonisches Meisterwerk. Die steinernen Galerien zwischen den Pavillons könnten ebenso gut Baumwände oder Hecken sein, die Säle intime Gartenräume und die aufgestellten Orangen- und Lorbeerbäume wie Bauplastiken wirken – gleichsam eine verkehrte Welt! August der Starke stellte hier auf dem Höhepunkt seiner politischen Macht als Kurfürst von Sachsen und König von Polen den besten Rahmen höfischer Repräsentation zur Schau, bei dem das Zweckhafte in den Hintergrund trat. Das Ensemble konnte ebenso als Turnier- und Festplatz genutzt werden, wie als Orangerie und Galerie; die Galerien zum Flanieren, Sehen und Gesehenwerden. Zu den Lustbarkeiten gehörten ein Opernhaus, Wasserspiele und Grotten, kostbare Säle und zauberhafte Plastiken von der Hand Balthasar Permosers (1651–1732) oder Paul Egells (1691–1752). Die edle Orangerie vereinte 1714 bereits mehrere „tausend kostbare ausländische Bäume [...] als da waren ganze Wäldchen von Orangen, Pomeranzen und Zitronen, allein 356 meist kunstvoll verschnittene Lorbeerbäume, italienische Öl- und Feigenbäume, Myrten, Taxus und Buchsus." (Rave) Im Blickpunkt des Zwingers steht der Wallpavillon als architektonischer Höhepunkt des Wallpavillons. Antike Götter und Heroen unterstreichen den Gestaltungswillen des sächsischen Monarchen, der als „Hercules Saxonicus" dargestellt ist, der die Weltkugel trägt. Die Anspielung zielt auf den Ruheplatz der Sonne – die Hesperidischen Gärten! Man erreicht den Pavillon und die begehbaren Bogengalerien durch das repräsentative Treppenhaus des Wallpavillons, das ehedem auch als Grotte gestaltet war und im Obergeschoss einen Festsaal enthielt. Beim Wallpavillon scheint die Architektur zu Gunsten der Bauplastik aufgelöst. Von hier aus ist es auch nur ein Katzensprung zum intimsten Raum des Zwingers in Gestalt des Nymphenbades, zu dem eine doppelläufige Treppenanlage hinabführt. Die Brunnenanlage beginnt oben am Zwingerwall und fällt über eine Kaskade in die Tiefe. Halbnischen mit kostbaren Plastiken schmücken die Seitenwände um

Dresdner Zwinger, Kronentor nach Osten

ein zentrales Wasserbassin mit Fontänen. Ein Ort zum Lustwandeln an heißen Tagen – bis heute! Die Funktion des Festraumes wandelte sich schon Ende der 1720er Jahre in den Ort der Wissenschaft für das Kupferstichkabinett, die naturwissenschaftlichen Objekte und die Bibliothek. Die Wurzeln zum heutigen Museumsgebäude waren gelegt.

GARTEN DES PALAIS BRÜHL-MARCOLINI (Dresden-Friedrichstadt)

„Großartigste Brunnenanlage Dresdens“, so hat der Kunsthistoriker Fritz Löffler den Neptunbrunnen im Garten des Palais Brühl-Marcolini in der Dresdner Friedrichstadt ganz fabelhaft umschrieben. Viel ist von diesem einstigen Palaisgarten heute nicht mehr erhalten, denn das Grundstück dient seit 1849 als Krankenhaus (heute: Städtisches Klinikum Dresden, Standort Friedrichstadt). Allein der kolossale Brunnen lohnt noch immer einen Besuch, erst recht im Sommer, wenn er zum Leben erwacht ist und in barocker Fülle sprudelt! Der Bau des Palais mit seiner über 200 m langen Straßenfront an der Friedrichstraße ist erhalten. Er entstand im Kern 1729, wohl nach Plänen von Johann Christoph Naumann (1664–1742) für die einstige Favoritin Augusts des Starken Ursula Katharina Lubomirska, Reichsgräfin von Te-

Neptunbrunnen in Dresden-Friedrichstadt von Lorenzo Matielli (1745/46)

schen und verehelichte Herzogin von Württemberg und Teck. Der Ausbau zur Dreiflügelanlage erfolgte in zwei Bauabschnitten von 1736–1741 und 1742–1748 unter Johann Christoph Knöffel für die Grafen von Brühl. Unter Johann Daniel Schade (1730–1798) wurde das Palais nach 1774 für den Grafen Marcolini im Stil des Klassizismus aus- und umgebaut. Brühl kleckerte nicht, er glotze, nicht nur hinsichtlich der Größe seines Palais, das er als Landhaus nutzte. Auch der zugehörige französische Barockgarten „übertraf an Umfang und Reichtum alle bisher in Dresden verwirklichten Planungen“ (Löffler, S. 244). Das fällt auch am barocken Neptunbrunnen am Ende der Hauptachse des Gartens auf. Er ist rund 48 m breit und gliedert sich in seinem Aufbau in drei Ebenen. Die Pläne dafür lieferte Zacharias Longuelune (1669–1748), die Ausführung lag bei Lorenzo Mattielli (1688–1748). Der Brunnen entstand 1741 bis 1744. Im Zentrum der Felsengruppe thront Neptun. An seiner Seite sitzt Amphitrite, die Beherrscherin der Meere – beide auf einem Muschelwagen, der von Hippokamen (Seepferdchen) gezogen wird. Die Mittelgruppe wird von den Flüssen Tiber und Nil gesäumt. Wasser strömt kaskadenförmig über drei Bassins hinweg aus Urnen, Tritonenhörnern und den Rachen von Seetieren in ein großes Becken, das durch Fontänen belebt wird. Die muschelförmigen Brunnenbecken sind mit allerlei Muscheln und Seetieren geziert, die den grottenhaften Eindruck des Brunnens nur noch verstärken, im Übrigen feinste Arbeiten in Sandstein. Brühl wollte seinem Landesherrn August dem Starken sicher schmeicheln, denn damit verherrlichte er August in der Gestalt Neptuns als Seefahrer, der es verstand, die Kräfte seines Landes – hier sogar Polens und Sachsens zu bündeln. Zwischen 2009 und 2013 wurde die Brunnenanlage restauriert. Die Arbeiten konnten im Sommer 2017 abgeschlossen werden. Das war durch finanzielle Unterstützung aus dem Europäischen Fonds, der Landeshauptstadt Dresden, dem Sprungschen Erbe, des Vereins der Freunde des Krankenhauses Dresden-Friedrichstadt e. V. und der Deutschen Stiftung Denkmalschutz möglich. Seitdem sind die Wasserspiele in den Sommermonaten täglich zu erleben.

GROSSER GARTEN (Dresden)

Weit vor den Toren Dresdens hatte Kurfürst Johann Georg II. 1676 ein großes Stück Land erworben, auf dem Oberlandbaumeister Johann Georg Starcke ab 1678 auf H-förmigen Grundriss ein stattliches Lusthaus – das Palais im Großen Garten – errichtete. Was fehlte, war der zugehörige Garten. Dafür erhielt 1683 Johann Friedrich Karcher (1650–1726) den Zuschlag. 1684 wurde er zum Obergärtner befördert. Karcher war seinem Epitaph zufolge „Gartenarchitekt und Baumeister" – eine gleichsam idealtypische Verbindung, denn nach barockem Verständnis bildeten Bauwerke und Gärten eine Einheit. Der Gro-

Palais und Palaisteich

ße Garten misst heute 1.900 m x 950 m und bildet ein großes Rechteck. Starcke hatte das Palais etwa im Zentrum des Gartens am Schnittpunkt zweier schnurgerader Alleen errichten lassen. Die Hauptachse entwickelte Karcher zum Rückgrat des barocken Gartens, dessen eigentliche Gestaltung erst ab 1715 begann. Um das noch italienisch anmutende

Palais, das als Lusthaus mit zentralem Festsaal konzipiert war, legte Karcher einen französischen Garten. Den innersten Bereich markierten acht baugleiche Pavillons, die an das französische Vorbild in Marly-le-Roi unweit von Paris erinnerten. Sie dienten wie im Adelsschlösschen von Tiefenau als Grotten- oder Kavalierhäuser und waren durch Galerien miteinander verbunden. Überhaupt wirkte die französische Anlage Ludwigs XIV. als Vorbild, allerdings nicht als Rückzugsort wie in Frankreich, sondern als Lusthaus für Veranstaltungen und Feste. Wie in Marly legte Karcher hinter dem Palais einen Spiegelweiher an. Es sollte Teil eines unausgeführt gebliebenen Kanals werden. Am südlichen Ende des Kanals erhob sich der Venus-Tempel als Blickpunkt der Mittelachse. Er konnte als Ballsaal oder Loge genutzt werden, wenn die Wasserfläche zum Zentrum barocker Feste wurde. Auf der Stadtseite legte Karcher ein Broderieparterre an, welches überreichen Blumenschmuck zeigte und vom Namen her an Stickerei erinnerte, so zierlich waren die Formen. Die vier Brunnenbecken erinnerten in ihrer Anordnung an den Dresdner Zwinger. Den Schmalseiten des Palais waren weitere

Rasenparterres im Stil „à l'Angloise“ zugeordnet. Sie lagen leicht vertieft und waren durch ein mit Taxus verziertes Rasenband eingefasst. Zu beiden Seiten des Broderieparterres vor dem Palais und des Spiegelweihers dahinter befanden sich Boskette mit unterschiedlichen Nutzungen. Im nordöstlichen etwa lag das Heckentheater. Zwei weitere Alleen parallel zur Hauptallee begrenzten die Boskettzonen nach Osten (Herkulesallee) und Westen (Südallee). 1718 erschien die erste Parkordnung. Ein Jahr später wurde der Große Garten zum glanzvollen Mittelpunkt der Hochzeit des Kurprinzen Friedrich August mit Erzherzogin Maria Josepha von Österreich. Der Große Garten erfreut sich bis heute großer Beliebtheit. Dazu gehört der Bereich des 1861 abgetrennten Dresdner Zoos ebenso wie etwa die intime barocke Bühne des kleinen Parktheaters oder die 1957 angelegte Freilichtbühne mit ihren 5.000 Sitzplätzen. Ein besonderes Erlebnis für Groß und Klein bietet die 1950 angelegte Dresdner Parkeisenbahn. Sie wird alljährlich von rund 250.000 Menschen genutzt, die den Garten auf 381 mm Spurbreite entdecken – im Idealfall mit einer der beiden Dampfloks „Moritz“ und „Lisa“!

SCHLOSSPARK (Dresden-Pillnitz)

Fernöstlicher Glanz bestimmt die Wasserseite des Pillnitzer Schlosses. Das Wasserpalais, der älteste Teil des Schlossensembles, wurde 1720/21 von Matthäus Daniel Pöppelmann für Kurfürst August den Starken als „indianisches Lusthaus“ errichtet. Es folgt dem Geist der damals herrschenden Chinamode, deren zweite Phase zwischen 1720 und 1760 frei phantasierend und bisweilen eher karikierend angelegt war. Eine breite Freitreppe, ebenfalls von Pöppelmann errichtet, empfing die fürstlichen Besucher auf der Elbseite. Beim Durchqueren des Baukörpers gelangten sie in den Lustgarten und fanden sich in einer orientalischen Kulisse, denn dem Wasserpalais gegenüber entstand 1723/24 nahezu baugleich das Bergpalais. Die Architektur beeindruckt bis heute, erst recht, da das Ensemble nach Osten durch das Neue Palais von 1818 miteinander verbunden wird. Auch hier nimmt das Dach jene chinoisen Formen auf, jedoch sehr viel strenger. Bei Pöppelmanns Gebäuden liefert eine breite Hohlkehle unterhalb des Daches fernöstliche

Szenerien und entführt den Betrachter in Welten, wie sie zeitgleich in Sachsen nur das Meißner Porzellan abzubilden vermag. Der barocke Lustgarten ist der älteste Gartenteil des weiträumigen Schlossparks. Die angelegten Rasenbeete und Bassins erinnerten bis ins 19. Jh. an Pöppelmanns Zwingerpläne. Heute gruppieren sich die Rasenflächen um ein zentrales Fontänenbecken und sind im jahreszeitlichen Wechsel bunt bepflanzt. Nach Westen schließen die sogenannten Charmillen an, Heckenquartiere, wie man sie aus dem Großen Garten in Herrenhausen kennt. In einem steht seit 1934 eine prachtvolle Tritonengondel aus dem frühen 19. Jh. Nordwestlich davon errichtete Pöppelmann das Ringrenngebäude (seit 1874 Orangerie) als Abschluss des Spielgartens. 1741 wird dieser Parkteil als vortrefflicher Ort beschrieben, „worinnen [...] auch unterschiedliche, mit den schönsten und rarsten Orangerien besetzte Alleen [...] ein wohlangelegter Platz zum Carusel- und Ringelrennen, zum Scheiben-, Bogen- und Schnepperschießen [...]“ zu finden sind. Östlich, hinter dem Bergpalais liegt der Parkteil des sog. „Große Schlossgartens“ mit einer 12-reihigen Allee. 1765 erhielt Pillnitz den

Status einer offiziellen Sommerresidenz. Im Rahmen einer zweiten Bauperiode entstanden 1778 der englische, 1785 der holländische und 1790 der chinesische Garten mit entsprechenden Kleinarchitekturen. Der Chinesische Pavillon Christian Friedrich Schu-

Lustgarten mit Wasserpalais (links)

richts von 1804 gilt dabei „als gelungenste Nachempfindung fernöstlicher Architektur auf europäischen Boden“ (Uerscheln). Mit der empfindlichen Kamelie birgt der Schlossgarten heute noch eine Besonderheit. Sie soll 1770 dank des schwedischen Botanikers Carl Peter Thunberg (1743–1828) nach Pillnitz gekommen sein. Drei weitere Exemplare in Hannover-Herrenhausen, Schönbrunn und Kew Gardens, die mit ihr von Japan nach Europa gekommen seien, sind längst eingegangen. Nachweisbar ist die Kamelie jedenfalls in Pillnitz seit 1801, also seit über 200 Jahren! Sie misst knapp 9 m bei einem Kronendurchmesser von rund 12 m. Seit 1992 sorgt ein neues gläsernes Kamelienhaus für angenehme Temperaturen in der kalten Jahreszeit! Ungeahnte Einblicke verleiht ausgerechnet ein Guckkasten im Kuppelsaal des Schlosses: endlich können Gäste hier den barocken Park des Jahres 1725 erleben – dreidimensional und farbig – so wie einst August der Starke!

AZALEEN- UND RHODODENDRONPARK KROMLAU (Gablenz)

Nicht nur zum alljährlichen Park- und Blütenfest an Pfingsten erwacht der Kromlauer Rhododendronpark zum Leben, doch dann repräsentiert den 200 ha großen Park die Kromlauer Blütenkönigin. Auf rund 170 ha Fläche präsentiert sich hier Deutschlands größte Rhododendron-Freianlage. Alles andere als königlich hatten 1844 die Arbeiten zum Park begonnen, denn der Gartenarchitekt war ein bürgerlicher Rittergutsbesitzer. 1842 hatte Hermann Friedrich Roetschke (1805–1893) Kromlau erworben und verwendete er mehr als die Hälfte des Besitzes, um darauf seinen Garten anzulegen. Das Geld dafür stammte aus Bewirtschaftungen und Grundstücksverkäufen in der Lausitz. Auf seinem Grabstein waren am Ende seines Lebens nicht weniger als vier Rittergüter vermerkt. Kromlau war da längst verkauft – an einen Adeligen! Zu Beginn seiner Gartengestaltung ließ Roetschke gewaltige Mengen von Basaltsteinen aus der Sächsischen und Böhmischen Schweiz nach

Kromlau bringen sowie heimische und fremde Gehölze anpflanzen. Im Blick stand die Gestaltung rund um den eigens ausgehobenen Rakotzsee und die darüber führende gleichnamige Brücke – im Volksmund auch Teufelsbrücke genannt. Sie war zu keiner

Rakotzbrücke im Azaleen- und Rhododendronpark Kromlau

Zeit als echte Brücke konzipiert, entstand 1866 bis 1875 und besteht in ihrer großen Spannweite von 19,8 m nur aus einzelnen miteinander verbundenen Basaltsäulen. Von 2017 bis 2021 wurde die Brücke saniert und restauriert. Sie ist der Blickfang des Sees! Roetschke ließ noch weitere Parkarchitekturen aus den Basaltsäulen herstellen, darunter die Grotte, den so genannten Richterstuhl und die Basaltorgel im Rakotzsee. 1889 gelangte Kromlau in den Besitz von Friedrich Leopold Graf von und zu Egloffstein-Arklitten (1838–1921). Die Gartengestaltung kam in die Hände des erfahrenen Gartenbauinspektors Georg Eichler. Eichler war es, der den Kromlauer Schlossgarten in den heutigen Azaleen- und Rhododendrongarten verwandelte und damit ein einmaliges Parkerlebnis schuf, das so ohne Vorbild bis heute Besucherinnen und Besucher nach Ostsachsen lockt. Heute gehören Schloss und Garten der Gemeinde Kromlau. Im Schloss kann man heiraten und auch wohnen (Ferienwohnung). Außerdem finden sich hier die Tourismus-Information, die Forstverwaltung des Reviers Weißwasser und ein Ausstellungsraum. Und wem das noch nicht genug ist, der kann mit einer Parkgondel über den See gleiten. Ein edles Vergnügen, denn Besuchern bleibt sonst nur der Blick auf den See. Aber allein der lohnt, nicht nur zur Rhododendronblüte!

LANDSCHAFTSGARTEN REINHARDTSGRIMMA (Glashütte)

Beim Schloss von Reinhardtsgrimma fühlt man sich unweigerlich an die turmbekrönten Schlösser von Hubertusburg und Martinskirchen erinnert – beide von Johann Christoph Knöffel. Hier nun baute dessen Schüler Johann Friedrich Knöbel (1724–1792) 1765 bis 1767 für den Dresdner Kommerzienrat und Kammerherrn Johann Christoph Lippoldt (†1780) ein gleichfalls prächtiges Schlösschen im Dunstkreis der sächsischen Haupt- und Residenzstadt. Knöbel gilt auch als Schöpfer des ersten Gartens. Dieser entstand 1767 bis 1769, nur wenige Jahre nach Ende des Siebenjährigen Krieges. Es ist ein schierer Glücksfall, das zu Reinhardtsgrimmas Schloss- und Gartengeschichte gleich zwei neuere wissenschaftliche Arbeiten vorliegen. Anja Gottschalcks Entwicklungsgeschichte bietet quellenbasierte tiefe Einblicke in die Gartengeschichte, die für das 18. Jh. spärlich ist. Knöbels streng symmetrische Gartenparterre besaß in der Mittelachse einen Gartenpavillon als Point de vue. Unter den von Bülow erfolgte ab August 1801 eine Neugestaltung des Gartens, wofür der renommierte Architekt und Dresdner Hofbaumeister Christian Friedrich Schuricht (1753–1832) gewonnen werden konnte. Zu den Arbeiten gehörte ein Brückenbau (1801/02),

der Bau einer Grotte mit Kaskade (1802/06) und das ab 1804 begonnene zweigeschossige, klassizistische Badehaus. Die Entwürfe dazu lieferte Schuricht. Dieses Badehaus „besitzt – in künstlerischer und funktionaler Hinsicht – Singularität in Sachsen". (Köhler, S. 18) Unter Schuricht wurde neben diesem englischen Garten auch der frühere Küchen- und Gemüsegarten umgestaltet – nunmehr Berggarten. Hier entstanden ein Treib- und ein Ananashaus und vor der neuen Gärtnerwohnung ein formaler Garten. Der Gutsherr Johann Maximilian Nitzsche (1857–1904) plante Endes 19. Jhs. eine Modernisierung des Landschaftsgartens und gewann

Schloss Reinhardtsgrimma mit englischem Landschaftsgarten

dafür den renommierten Gartenarchitekten Max Richard Eduard Bertram (1849–1914). Bertram legte 1891 einen Umgestaltungsplan vor, der sich an der Lenné-Meyerschen Schule orientierte. Schließlich hatte der Gartenkünstler die bekannte Königliche Gärtnerlehranstalt in Potsdam-Wildpark besucht, wo Peter Joseph Lenné und Gustav Meyer gewirkt hatten. Zu den Besonderheiten des Planes gehörten eine Änderung des Wegenetzes und ein blumenreicher, geometrischer Pleasureground in der Nähe des Schlosses. Die großen Pläne blieben aus unbekannten Gründen auf dem Papier. Dieser entstand erst unter Nitzsches Nachfolgern der Senfft von Pilsach. Die Parkarchitekturen Schurichts, wie Grotte und Badehaus, blieben erhalten. Noch immer atmet er den Geist der Zeit um 1800 und ist ein lebendiges Zeugnis der hohen sächsischen Gartenbaugeschichte.

BAROCKGARTEN ZABELTITZ (Großenhain)

Gleich zwei Schlösser prägen das reizvolle Zabelitz: das Alte Schloss und das so genannte Palais. Die Herrschaft gelangte 1728 an Heinrich August Graf von Wackerbarth. Der hatte Zabeltitz als Ausgleich für das an August den Starken gefallene Großsedlitz erhalten. Wackerbarth begann auch hier zu bauen und ließ durch Johann Christoph Knöffel das barocke Palais errichten und den zugehörigen Garten anlegen. 1728 war Knöffel neben Pöppelmann und Longuelune zum dritten Oberlandbaumeister aufgestiegen. Der eher schlichte Barockbau vereint in seinem Inneren ältere Bauteile der Renaissance und wirkt durch den vorgelagerten Graben wie ein Wasserschloss. Eine Brücke führt zum Hauptportal. Überhaupt Wasser. Es ist das belebende Element von Zabeltitz. Auf der Gartenseite befindet sich hinter einem heute eher schlichten Rasenparterre zu beiden Seiten der Mittelachse der Spiegelteich mit Fontäne. Er ist etwas breiter als das Palais und 160 m lang. Seine Seiten werden durch Formschnittgehölze gesäumt, die einen großen barocken Festsaal unter freiem Himmel bilden. In den einstigen Boskettzonen seitlich der Rasenparterres haben sich die barocken Brunnenbassins mit reizvollen Skulpturen erhalten. Hinter dem zentralen Spiegelbecken schließt ein zweites nach Westen hin an, das in einem schmalen Kanal ausläuft. Dahinter führt die Hauptachse als breite Schneise in der Rö-

Zabeltitz, Barockgarten und Palais

derauwald hinaus. Die Seitenpartien um die beiden Teichanlagen sind heute als englischer Landschaftsgarten gestaltet. Sie stammen aus der Zeit des Prinzen Xaver von Sachsen (1730–1806) und seiner Erben, die Zabeltitz von 1769 bis 1817 im Besitz hatte. Der Enkel Augusts des Starken wirkte von 1763 bis 1768 als Kuradministrator für seinen noch minderjährigen Neffen und nachmaligen Kurfürsten Friedrich August III. Prinz Xaver verbrachte seinen Lebensabend auf Zabeltitz, wo er 1806 auch starb. Unter Prinz Xaver entstand auch die Elisabethinsel im Parkteich hinter dem Renaissanceschloss. Hier stand ehedem ein Pavillon, dessen acht Holzsäulen ein zweifach gestuftes, stark geschwungenes Dach in chinesischer Anmutung trugen. Die Decke im Inneren war mit Chinesen, Drachen, Vögeln und fliegenden Fischen bemalt. Aus der Zeit des Prinzen stammt auch noch der erhaltene Skulpturenschmuck, darunter die beiden überlebensgroßen Hermen Apollo und Diana. Diese Pfeilerschäfte mit aufgesetztem Kopf und Schultern hatten wie auch die dargestellten Götter ihren Ursprung in der griechischen und römischen Antike.

BAROCKGARTEN
(Großsedlitz)

Der wohl großartigste französische Park Sachsens befindet sich rund 15 km südöstlich von Dresden. Hier zwischen Heidenau und Pirna wollte sich August Christoph Graf von Wackerbarth einen Alterssitz errichten und hatte nicht mit dem Interesse seines Dienst- und Landesherrn August dem Starken gerechnet. Der Generalintendant des sächsischen Bauwesens konnte wohl den jungen Baumeister Johann Christoph Knöffel verpflichten: Wackerbarth plante gleich zwei Anlagen in Groß- und Kleinsedlitz. Hier am Erlichtberg wollte der Bauherr die Aussicht auf Dresden und das westliche Elbtal genießen. Alleen hätten beide Anlagen miteinander verbunden. Der großartige Plan blieb Entwurf. Die Bauarbeiten in Großsedlitz begannen 1719 mit der Friedrichsburg (1871 abgerissen) und 1720 der gewaltigen Großen Orangerie. Sie trägt unverkennbar Knöffels Handschrift. Für die Arbeiten wurde das Gelände terrassiert. Am Standort der späteren Unteren Orangerie ließ Wackerbarth ein Treibhaus errichten. Die gewaltigen Erdarbeiten waren durch Frondienste nicht aufzubringen, weshalb Wackerbarth Soldaten einsetzte. 1720 verzeichneten die Kirchenbücher einen signifikanten Anstieg unehelicher Soldatenkinder ... 1723 erwarb August der Starke Großsedlitz. Der Kauf blieb bis 1726 geheim. Erst dann ergingen Bauaufträge an Knöffel, Pöppelmann und Longuelune. Der neue Gesamtplan Longuelunes sah ein neues Schloss und die Verdoppelung der bestehenden Anlage vor. Die Mittelachse hätte das neue Schloss mit dem Parterre d'eau und der Waldkaskade gebildet. Das östliche Parterre analog zum Unteren Orangerieparterre im Westen blieb unausgeführt. Und doch vermittelt die fragmentierte Anlage etwas von jener Lebendigkeit, mit der es Longuelune verstanden hatte, die Geländesituation zu Gunsten der Gartenanlage ausnutzen. Sie wirkt in ihrer Stufung von Norden nach Süden höchst lebendig. Das abfallende Terrain wurde architektonisch mit dem nach Süden ansteigenden Gelände verbunden. In der Hauptachse gelang dies mit der Waldkaskade. Hier bot sich ein anderes Problem: die mögliche Wasserversorgung. Sie erwies sich als nahezu unmöglich. Westlich davon schuf Pöppelmann mit der Treppenanlage der „Stillen Musik" einen repräsentativen Übergang nach Süden. 1727 entstand die Untere Orangerie. Die steinernen Putten auf der Treppenbrüstung gaben diesem Ort den Namen, die die engelsgleichen Gestalten bliesen auf Seemuscheln

und Panspfeifen. Nach Norden schließt das Boskett an. Zum Schloss Großsedlitz gehörte ehedem ein umfangreicher Skulpturenbestand. Beachtenswert unter den über 70 erhaltenen Plastiken sind die vier Jahreszeiten, wohl von Johann Christian Kirchner, Sphingen von Francois Coudray oder Doppelfiguren von Benjamin Thomae. Neben einer jahreszeitlich reichen Bepflanzung des oberen Orangerieparterres wird das untere Orangerieparterre seit Ende der 1990er-Jahre wieder durch Kübelpflanzen belebt: 145 Bitterorangen aus der Toscana versuchen an die barocke Gartengestaltung anzuknüpfen.

Unteres Orangerieparterre und „Stille Musik"

GARTEN DES GOHLISER SCHLÖSSCHENS (Leipzig)

„Das Äußere ist bis auf die Giebel rein dresdnisch, auch die Liebenswürdigkeit der Gesamtansicht vom Gartentore aus, die kein Leipziger Gartenhaus erreicht“, vermerkte Nikolaus Pevsner in seinen Ausführungen zum Leipziger Barock 1928 treffend. Im 18. Jh. lag Gohlis noch weit vor den Leipziger Stadttoren und besaß eine große Anziehungskraft als Ausflugsort. Dazu gehörte nicht zuletzt das Rosental, der nördlich der Stadt gelegene Auenwald. Er regte zum Lustwandeln an und reichte fast an das Dörfchen Gohlis heran. Die reizvolle Lage nutze auch Stadthauptmann Johann Caspar Richter (1708–1770), um sich hier einen Landsitz zu errichten. Richter hat das Grundstück ererbt. Von seiner Lage her erwies es sich als ein wahrer Glücksfall. Zum Dorf hin wirkte die Fassade eher geschlossen, zum Garten hin jedoch offen und gegen den zur Pleiße abfallenden Baugrund durch ein weiteres Geschoss eher großzügig. So konnte man sich vom Auengrund her schwerlich dem herrlichen Anblick entziehen. Hier lag der Garten, zu beiden Seiten umsäumt von eingeschossigen Gartenflügeln und von einer Mauer hin gegen allzu neugierige Blicke abgeschirmt. Diese Orangerieflügel nahmen im Sommer Kegelbahn, Gesellschaftsräume und Billardzimmer und im Winter die kostbaren exotischen Kübelpflanzen auf, die sonst eine zusätzliche Zierde des durch Buchenhecken und -gängen gegliederten Gartens bildeten. Dieser 1771 angelegte französische Garten atmete bis 1800 die beschwingten Formen des Rokokos. Ein schmiedeeisernes Tor am Ende der Mittelachse stellte ebenso die Verbindung zur umgebenden Landschaft her wie acht ovale Öffnungen in der hohen Umfriedung. Im Herzen des Gartens, der rund 60 cm tiefer lag als heute, fand sich im Zentrum der Mittelachse ein ovaler Brunnen. Hainbuchenhecken rahmten und gliederten den Garten. Unter Carl Wilhelm Rudolf von Alvensleben wurde der Garten romantisch umgestaltet. Ein Zeitbild von 1926 beschreibt den Zustand rund 100 Jahre später „mit hohen, knorrigen Bäumen [...] Hier steht mitten im Grün eine feingeschwungene Steinbank, dort eine kleine Steinfigur, ein Freundschaftsdenkmal und ein kleiner Brunnen." (Ebert, S. 61) Der Autor vergisst auch das Gellert-Sulzer-Denkmal nicht, das Adam Friedrich Oeser (1717–1799) 1781 im Auftrag des Leipziger Buchhändlers Philipp Erasmus Reich (1742–1803) für dessen Landgut in Sel-

lerhausen entworfen hatte. Reichs Witwe verfügte um 1803 seine Umsetzung nach Gohlis. Nach und nach kamen weitere Denkmäler hinzu: 1935 das Denkmal Friedrich Augusts v. Sachsen und 1971 Pomona und Vertumnus (Göttin des Obstsegens bzw. Gott der Jahreszeiten). Bei der Restaurierung des Gohliser Schlösschens 1991 bis 1998 wurde auch der Garten auf der Basis archivalischer Quellen rekonstruiert. Dazu gehören das Brunnenbecken, die Breite der Wege, Blumen- und Rasenparterres und eine neue Hainbuchenhecke parallel zur Einfriedungsmauer. Die Gartenfiguren und Denkmäler wurden im Garten vereint.

Gartenanlage des Gohliser Schlösschens

KULTURLANDSCHAFT MORITZBURG (Moritzburg)

Rund 14 km nordwestlich von Dresden fährt man in einer zuletzt schnurgeraden Allee auf Schloss Moritzburg zu. Es gehört seit 2019 zum Netzwerk europäischer Königsschlösser (ARRE) in seiner idealtypischen Verbindung von Architektur und Landschaft. Die barocke Inszenierung des prächtigen Jagd- und Lustschlosses wirkt bis heute und geht auf August den Starken zurück. Die Schlossanlage bildet das Herz der Moritzburger Kulturlandschaft. Dazu gehören der rund 65.000 m^2 große Park und die knapp sechsmal so großen Wasserflächen ringsum. Das Jagdschloss Augusts des Starken erhebt sich auf einem Sockel inmitten einer künstlichen Schlossinsel und ist mit dem nördlich angrenzenden Schlossgarten in barocker Symmetrie gestaltet. Die 90 m x 95 m große Schlossterrasse vermittelt in die umgebende Landschaft. Dies geschieht über Rampen und Freitreppen. Die Balustraden sind ringsum mit 110 Sandsteinskulpturen aus Putten und Vasen geschmückt, die allegorisch auf die Nutzung des Ortes hinweisen.

Im Norden und Nordosten der Fischfang, im Osten die vier Elemente und Erdteile (Australien war noch nicht entdeckt), im Südosten die Hasenjagd, im Süden die Beiz- und die Hochwildjagd und im Südwesten die Entenjagd. Die Westseite zieren Allegorien von Jagdhunden und Jagdwaffen und im Nordwesten nochmals die Hasenjagd. Die Restaurierung und Konservierung waren mit der bis 2020 erfolgten Neuordnung der Skulpturen verbunden. Ein Torso blieb zu Augusts Zeiten auch der nördlich angrenzende Schlossgarten im französischen Stil. Ähnlich dem Großen Garten zierten die Ecken vier quadratische Kavalierhäuser mit Mansarddächern, von denen zwei erhalten sind. Den Garten prägen Rasenflächen und Formschnittgehölze. 1725 ließ August in den ringsum angrenzenden Moritzburger Forst Schneisen und Alleen schlagen. Nordöstlich entstand um den Hellberg ein erster barocker Jagdstern. Eine Achse führte ferner vom Speisesaal nach Osten zum späteren Fasanenschlösschen und Fasanengarten. Dort entstand in einer zweiten Gestaltungsphase des Moritzburger Schlossgartens unter Kurfürst Friedrich August III. (1750–1827) das Fasanenschlösschen

(1769/70–1776) und inmitten des Jagdsterns das Hellhaus (1787) als Jagdpavillon für die Parforcejagd. Als Pächter und Jugendfreund des Kurfürsten wirkte hier Oberkammerherr Camillo Graf Marcolini. An ihn erinnert heute vor Ort noch das Marcolinihaus. An das Fasanenschlösschen grenzte das 1882 abgerissene Garnhaus, ein chinoises Vogelhaus, von dem heute zwei Brunnen erhalten geblieben sind: der Froschbrunnen und das Paar von Bauernkindern. Bemerkenswert war die Anlage des Hafens mit Mole und Leuchtturm (1775/76) am Bärnsdorfer Großteich mit zwei künstlichen Inseln. Die im Park erhaltenen künstlich angelegten Dardanellen erinnerten an die Schlacht bei den Russisch-Türkischen Krieg von 1770, bei denen die Russen unter Katharina der Großen über den Erzfeind der Osmanen siegten. Mit Hilfe einer kleinen Fregatte und landseitigen Kanonen wurden die Ereignisse szenisch inszeniert. Doch der Fasanengarten offenbart bei genauerem Hinsehen eine weitere Dimension: die von Sachsens antikem Weltmeer 1771 und der Reise der Argonauten, re-

---

Der Leuchtturm in Moritzburg ist ein Staffagebau, der als Teil einer Kulisse für nachgestellte Seeschlachten diente

konstruiert vom Landschaftsarchitekten Michael Simonsen. Ihm zufolge lässt sich die „Argonautica" von Gaius Valerius Flaccus mit ihren jeweiligen Schauplätzen direkt auf Moritzburg übertragen und findet ihre Entsprechungen in der Architektur, Gestaltung von Flächen und der Zuordnung von Gewässern und Kanälen.

Schloss & Garten Lichtenwalde

SCHLOSSGARTEN LICHTENWALDE (Niederwiesa)

Der Schlossgarten Lichtenwalde gehört zu den großartigsten Gartenanlagen Sachsens. Er nutzt die landschaftlichen Gegebenheiten und vereint die Strukturen des repräsentativen Barockgartens mit den intimeren Bereichen des Rokokos. Unter den nicht landesherrlichen Anlagen im Freistaat nimmt Lichtenwalde den ersten Rang ein. Bauherr war der Sohn des kurfürstlich sächsischen Kabinettsministers Christoph Heinrich Graf von Watzdorf (1670–1729): Friedrich Carl von Watzdorf (1698–1747). Als ausführender Gartenarchitekt der 1730 bis 1737 im Kern entstandenen Anlage wird der braunschweigische Kunstgärtner Wehmann vermutet. Der eigentliche Gartenschöpfer ist unbekannt. Da Lichtenwalde in einer Reihe mit Pillnitz, Hubertusburg und Großsedlitz genannt wird, kann Zacharias Longuelune zumindest vermutet werden. Der Bauherr hatte wenig von diesem Traum sächsischer Gartenbaukunst, denn er verlor 1731 seine Stellung in der Landesregierung, fiel 1733 beim Landesherrn Friedrich August II.

in Ungnade und starb nach Vorwurf, Inhaftierung (1733) und Prozess des Hochverrats 1747 auf der Festung Königstein. Der 13 ha große Garten wurde nicht auf das Schloss hin ausgerichtet, sondern nutzt geschickt das nach Süden hin zur Zschopau abfallende, terrassenförmig gegliederte Gelände. Drei parallel verlaufende Alleen durchziehen die Anlage, wobei die zentrale Große Allee das Rückgrat des Gartens bildet. Längs-, Quer- und Diagonalverbindungen erschließen die intimeren Gartenbereiche. C. F. Luther ist eine Planzeichnung des Gartens von 1767 zu verdanken, die sehr detailliert und mit einer „Erklaerung" versehen detaillierte Einblicke in die Struktur des Gartens gibt. Zahlreiche Wasserspiele, darunter die Sieben Künste, ein Wasserbecken mit sieben Fontänen. Wehmann hat nicht nur hier durch Ausblicke in die Landschaft weiträumige Bezüge geschaffen. Das

belebende Element das Wassers stammt bis heute aus dem rund 90 m tiefer gelegenen Zschopautal und wird mittels Pumpen und eines großen Rohrleitungsnetzes auf alle Parkbereiche verteilt. 100 Wasserspiele und 400 Fontänen werden auf diese Weise gespeist. Ein Hochbehälter mit 800 m^3 Fassungsvermögen war

Wasserspiel „Sieben Künste" im Schlossgarten Lichtenwalde

bereits 1730 entstanden. Bis 1997 wurden die Wasserkünste erneuert, die alljährlich die zahlreichen Besucherinnen und Besucher erfreuen. Erweiterungen erlebte Lichtenwalde um 1764 nach dem Übergang an die Grafen von Vitzthum und um 1800. Zuletzt entstand das so genannte Englische Stück, ein Landschaftsgarten außerhalb der Barock- und Rokokoanlage. Wenige der ursprünglich reichen Gartenskulpturen sind erhalten. Sie verweisen mit ihrer Autorschaft wieder ins Umfeld des Dresdner Hofes. Alljährlich im August bitten die „Gastgeber“ in Gestalt des Grafen Vitzthum und seiner Gattin sich die Ehre und laden zu einem illustren Parkfest ein, bei dem der Schlossgarten zum Leben erwacht: Musik und Theater, dazu allerlei Marketenderinnen und Marketender laden zum Staunen, Genießen und Verweilen ein.

KLOSTERPARK ALTZELLA (Nossen)

Kaiser Friedrich I. Barbarossa bestätigte 1162 die Schenkung von 800 Hufen gerodeten Landes an eine von Markgraf Otto von Meißen an ein der Benediktinerregel folgendes und der Jungfrau Maria geweihtes Kloster. 1175 zog dort der vom Zisterzienserkloster Pforta kommende Abt mit seinem Konvent ein und begründete eine reiche Bautätigkeit. 1190 bis 1381 diente das Kloster als Erbbegräbnis der Wettiner. Infolge der Reformation wurde es aufgelassen. Altzella war eines der reichsten Klöster des Landes, besaß 275 km^2 Land mit rund 200 Dörfern. Vom einstigen Reichtum und Einfluss dieses Klosters blieben vor Ort nur noch Ruinen. Die Klosterbibliothek kam an die Universität Leipzig. Ein Teil des Baumaterials fand beim Nossener Schloss Wiederverwendung. 1676 entschloss sich Kurfürst Johann Georg II. an der Stelle des Altarraums der längst abgebrochenen Klosterkirche eine Begräbniskapelle zu errichten. Oberlandbaumeister Wolf Caspar von Klengel (1630–1691) lieferte die Pläne, ließ die Gräber sichern und den Kirchenbau aufführen. Christoph Adolph Franck gestaltete diesen Kapellenbau ab 1785/86 bis 1804 in den Formen des Frühklassizismus um. In dieser Gestalt ist der Bau bis heute erhalten. Der ursprüngliche Plan für das unmittelbare Umfeld orientierte sich an der Gestaltung der Rousseau-Insel in Ermenonville.

Er wurde verworfen. Unter dem Kunstgärtner Johann Gottfried Hübler (1770–1853) entstand schließlich der heutige Klosterpark als englischer Landschaftsgarten. Er bezog das Umfeld mit ein, darunter die ehemalige Klausur und das Siechenhaus und die Ökonomiegebäude, schuf Blickbeziehungen und intime Orte. Zu Inspiration verhalf der Ort etwa Caspar David Friedrich, dem wohl berühmtesten deutschen Maler der Romantik. Bekannt ist Altzella für seinen historischen Baumbestand, darunter schattenspendende Buchen. Im Juni/Juli blüht im Park der Braune Storchschnabel (Geranium phaeum), der sich hier weiträumig ausgebreitet hat. Beziehungsreich wirken Himmelsschlüssel an diesem besonderen Ort, aber auch Buschwindröschen, Akelei und Lerchensporn, nicht zu vergessen die ährige Teufelskralle. So ist der Klosterpark ab dem Frühjahr ein gern besuchter Ort.

Das Mausoleum im Klosterpark Altzella

SCHLOSSGARTEN SEUSSLITZ (Nünchritz)

Malerisch liegt die Schlossanlage von Seußlitz im Elbseitental des Seußlitzer Grundes unweit von Meißen. Die prächtige Dreiflügelanlage wirkt wie aus einem Guss. Dabei hat der Architekt und Dresdner Ratszimmermeister George Bähr Teile eines mittelalterlichen Klarissenklosters mit einbezogen, darunter die von ihm umgebaute Schlosskirche. Ursprünglich gehörte das Kloster zum Besitz der Markgrafen von Meißen, ehe es in den Wirren der Reformation aufgelöst wurde. Die Umgestaltung der Kirche und der Bau des Schlosses Mitte der 1720er-Jahre erfolgten unter dem kurfürstlich-sächsischen Kanzler Heinrich von Bünau (1665–1745), der Seußlitz 1722 erworben hatte. Dem Schlosskirchenflügel mit seinem charakteristischen barocken Dachreiter auf der Südseite lagerte Bähr eine heute von Platanen bestandene Terrasse vor. In der Hauptachse und an den Seitenrändern führen Treppen ins tiefergelege-

ne französische Gartenparterre. Die Terrassenmauer begrenzen vier 1,30 m große auf Sockeln ruhende Sandsteinfiguren aus der Werkstatt des bekannten Barockbildhauers Balthasar Permoser – Allegorien der vier Jahreszeiten. Das Gartenparterre ist heute als Rasenfläche gestaltet, das an den Seitenrändern von Formschnittgehölzen eingefasst ist. Blumenrabatten, die von kleinen in Form geschnittenen Buchs-

---

Schlosspark Seußlitz,
im Hintergrund das Lusthaus Heinrichsburg

baumhecken umsäumt sind, dienen als besonderer Schmuck. Südöstlich schließt an den barocken Teil ein englischer Landschaftsgarten mit teilweise altem Baumbestand von Ginkgo biloba und Silberahorn an, dessen Mittelpunkt ein Teich bildet. Das schmiedeeiserne Gartenportal wird von Sandsteinsäulen begrenzt, die Prunkvasen tragen. Als Point de Vue des Barockgartens hat Bähr mit der außerhalb der Parkmauer gelegenen Heinrichsburg von 1725/26 eine architektonische Besonderheit geschaffen. Das kleine zweigeschossige, dreiachsige und mit einem Walmdach bekrönte Gartenhäuschen mit einem Saal im Obergeschoss steht auf einem terrassierten, rasenbedeckten Hügel, der zum Schlossgarten hin an eine Stufenpyramide erinnert. Die Ecken sind über vier Terrassen hinweg mit Skulpturen der zwölf Monate geschmückt, ebenfalls aus der Werkstatt Permosers. Der Hügel mit der Heinrichsburg ist ein Teil der so genannten Goldkuppe. Hier befand sich eine bronzezeitliche Hügelburg (3000 v. Chr.). Nördlich der Schlossanlage korrespondiert die gleichfalls schlichte Luisenburg als einstöckiges Winzerhaus inmitten der Weinberge mit der Heinrichsburg am Schlossgarten.

SCHLOSSGARTEN WACKERBARTH (Radebeul)

„Wackerbarths Ruh'" ist als Schloss Wackerbarth nicht nur sprichwörtlich in aller Munde. Das heutige Sächsische Staatsweingut in Radebeul-Niederlößnitz verdankt dem königlich-polnisch und kurfürstlich-sächsischen Generalfeldmarschall August Christoph Graf von Wackerbarth (1662–1734) seine Existenz. Der hatte sich zwischen 1727 und 1729 vor den Toren Dresdens durch Johann Christoph Knöffel seinen Altersruhesitz errichten lassen. Bereits 1697 hatte Wackerbarth von August dem Starken die Generalintendanz über die Militär- und Zivilgebäude Sachsen erhalten, weshalb er vom bekannten Kunsthistoriker Fritz Löffler auch als „Regisseur des Dresdner Barock" bezeichnet wurde. Seinen ersten Landsitz Großsedlitz hatte Wackerbarth 1723 an August den Starken verloren, weshalb er das neue Bauprojekt vorsorglich „Wackerbarths Ruhe" nannte. Das von geometrischen Gartenanlagen umgebene Schlösschen steht im Tal. Eine zentrale Treppenlage verbindet es auf seiner Gartenseite mit dem an den Weinberg

geschmiegten Belvedere. Dazwischen liegen sechs Terrassen, die durch geschnittene Eiben und Rasenflächen akzentuiert sind. Auf der obersten Terrasse begrüßen die Skulpturen des Bacchus und der Venus die Besucher. Im Zentrum blickt man auf den Sockelbau des Belvederes mit einem zierlichen barocken Wandbrunnen mit Wasserspeier und Muschelschale im Zentrum, dessen Wasser in ein rechteckiges Becken fällt. Den Sockelbau gliedern zu beiden Seiten Halbnischen. Über dem Brunnen erinnert ein Zitat an den sächsischen Historiker und Kunstsammler

Panorama des Schlosses Wackerbarth mit Garten

August Josef Ludwig von Wackerbarth (1770–1850). „MENSCHENGESCHLECHTER ZIEHEN VORÜBER WIE DIE SCHATTEN VOR DER SONNE". Der weitläufige Verwandte hatte 1809 den Besitz erworben und ihn 1816 durch Konkurs wieder verloren. 1824 kaufte er das Anwesen erneut und behielt es bis 1846. Zum zentralen achteckigen Belvedere als bekrönenden Abschluss der barocken Blickachse und malerischen Übergang in den terrassierten Weinberg führen beidseitig viertelkreisförmige Rampen hinauf. Dem achteckigen Belvedere, einem barocken Putzbau mit hohen Rundbogenfenstern und bekrönender Laterne, ist zum Garten hin eine Balustrade vorgelagert. Zum Ensemble gehört der 1743 in den Weinbergen errichtete Jacobstein. Schloss Wackerbarth liegt inmitten des Denkmalschutzgebiets Historische Weinberglandschaft Radebeul. Das Ensemble aus Schloss und Garten bietet heute den perfekten Rahmen für Europas erstes Erlebnisweingut mit über 220.000 Gästen pro Jahr, die hier auch die Geheimnisse der Sekt- und Weinbereitung erleben können. Hätten Sie, liebe Leserinnen und Leser geahnt, dass August Josef Ludwig von Wackerbarth, der sich selbst auch Raugraf nannte, hier im Winter 1834 das älteste bekannte Glühweinrezept Deutschlands entwickelt hat – wiederentdeckt im Dresdner Staatsarchiv 2013. So ist Schloss Wackerbarth nicht nur im Sommer ein Ausflugstipp, sondern auch im Winter auf einen wärmenden Glühwein – Wackerbarths Weiß & Heiß!

SEIFERSDORFER TAL (Seifersdorf)

Das unweit nordöstlich von Dresden gelegene Seifersdorfer Tal ist ein „Musterbeispiel für die sentimentalen Gärten der Zeit um 1800“. Bei den Zeitgenossen, darunter Schiller und Goethe, bekannt geworden ist es ab 1792 dank einer reich illustrierten gedruckten Beschreibung W. G. Beckers mit 40 Kupferstichen. Die Schöpferin dieses Gartens war Christina von Brühl (1756–1816), die von ihren Freunden Tina genannt wurde und deren Ehemann Hans Moritz. Die Situation des tief eingeschnittenen Tales hätte nicht idealer sein können. Die Große Röder durchzieht als gewundener Flusslauf ein Gebiet, das als waldreichen Teilen und Lichtungen besteht und bis heute wildromantisch anmutet. Es liegt entfernt vom Schloss und ist weder durch Blickachsen noch als Staffage mit dem romantischen Tal verbunden. Von 1781 an verwandelte Tina von Brühl diesen Ort durch Denkmäler, Tempelchen und Einsiedeleien in einem empfindsamen Ort. Die Initialzündung bot ein familiärer Geburtstag, bei dem Ehemann Hans

Moritz von seiner Frau einen Tempel zum Geschenk erhielt, der den ländlichen Freuden gewidmet war. In der Folge gestaltete sie den rund 2 ½ km langen Talstreifen mit dem Kern der Anlage in seinem mittleren Teil. Im Zentrum stand dabei die eigene Familie nebst dem Freundeskreis, das Gedenken an die von den Brühls verehrten Dichter und ihre Werke. Die jeweiligen Stimmungsklänge wechselten ebenso ab wie die Landschaft und schufen eine Art von unendlichem Seelenraum. Natürlich konnte und kann man im Tal verweilen. Unterschiedliche Sitzmöglichkeiten und Tische dienten ebenso der praktischen Benutzbarkeit wie ein Bad an der Großen Röder, der Tanzsaal oder der Festplatz. Der Mittelpunkt der Anlage liegt nahe der Marienmühle. Bis 1830 vereinte das Tal über 40 Motive. Die empfindsame Welt der Zeit um 1800 mag heute, über 200 Jahre später, eher befremdlich erscheinen. Doch das Gedenken an Personen wie etwa Herzogin Anna Amalia von Sachsen-Weimar-Eisenach mit ihrem Denkmal, das Beschwören der Mythologie (Pan-Büste) und an Dichter (Petrarca-Hütte) bringt den Zeitgeist der Empfindsamkeit augenfällig zum Ausdruck. Während Paul Ortwin Rave

Seifersdorf noch in die Nähe von Wörlitz rückte, empfanden die beiden Gartenpäpste Dieter Hennebo und Alfred Hoffmann Seifersdorf am Ende nur noch vom „Seicht-Sentimentalen bewegt“ das „wohl keine weitere künstlerische Entwicklungsmöglichkeit mehr in sich barg.“ (Hennebo; Hoffmann 1981, S. 107) – eine Zuspitzung, der man nicht folgen muss! Be-

Denkmal für Herzogin Anna Amalia

Denkmal für die freundlichen Pfleger des Seiferdorfer Tales

wundernswert hingegen ist eine Initiative von jungen Wissenschaftlerinnen und Wissenschaftlern um Kathrin Franz, die es sich seit 1981 zur Aufgabe gemacht hat, den Seifersdorfer Landschaftsgarten wiederherzustellen. Sie treffen sich bis in die Gegenwart in regelmäßigen Arbeitseinsätzen und tragen das lebendige Gartendenkmal in die Gesellschaft zurück. In Tina von Brühl entdeckt man heute einmal mehr eine engagierte Frau und gleichsam eine der wenigen Landschaftsarchitektinnen des 18. und frühen 19. Jhs.

PARK GREENFIELD (Waldenburg)

Der „Park Greenfield“ im Süden Waldenburgs gehört zu den „bedeutendsten sächsischen Gartenanlagen im vorromantisch-sentimentalem Stil“ (Dehio). Sein Schöpfer Otto Carl Friedrich von Schönburg (1758–1800) ließ ihn zwischen 1780 und 1795 nach Plänen des Architekten Christian Friedrich Schuricht durch Johann Bernhard Eichen und dessen Sohn Victor anlegen und ausgestalten. Otto Carl Friedrich hatte noch vor seiner Grand Tour im Sommer 1776 u. a. den herzoglichen Hof in Gotha besucht, wo ab 1765 ein früher englischer Landschaftsgarten entstanden war. Seine Grand Tour (1777–1779) führte ihn, so der Kunsthistoriker Gerd-Helge Vogel in seiner ersten umfassenden Monographie über den Fürsten Otto Carl Friedrich und Park Greenfield, durch Deutschland, die Schweiz, Frankreich und England, wo das Hauptaugenmerk auf den Landschaftsgärten lag und er vor allem Windsor, Hamptoncourt und Kew Gardens besuchte, um drei englische Beispiele zu wählen. 1779 war der junge Graf an die Regierung gelangt und erwarb 1780 das Gut bei Oberwinkel als Keimzelle des Landschaftsgartens Greenfield. Ähnlich wie in Leopold III. Friedrich Franz in Wörlitz hatte auch Otto Carl Friedrich den festen Gedanken seinen Garten mit einem Mehrwert auszustatten: Neben der Verbindung von Schönheit und Natur sollte Greenfield mit den Erfordernissen von Landwirtschaft, Gewerbe und Industrie auf nützliche, aber auch ästhetische Weise miteinander verbunden werden. Bestes Beispiel ist hier die ehemalige Kattundruckerei, einem dreigeschossigen frühklassizistischen Gebäude, das englische Einflüsse nicht verbergen kann. In seiner äußeren Gestalt fügt es sich harmonisch in die Landschaft ein. Wie in Wörlitz verfügt auch Greenfield über Parkbauten, die fast ausnahmslos einem höheren Nutzen dienen. Dazu gehört das 1786 vom alten, abgebrannten Waldenburger Schloss geborgene heutige Parktor „Der stillen Naturfreude" aus der Zeit der Renaissance.

Portal „Der stillen Naturfreude" im Grünfelder Park, ursprünglich ein Portal des alten Waldenburger Schlosses

DER STILLEN NATURFREUDE

Ein Jahr später legte Johann Bernhard Eichen einen Gestaltungsplan für den äußeren Parkbereich um den Elisensee vor. Besonders stimmungsvoll fügte Schuricht den Hygieia-Tempel ein, der die Hirsch- oder Gesundheitsquelle eindrucksvoll fasste. Ein weiteres Gebäude wohl von Schuricht ist das klassizistische Garten- oder Badehaus, das Otto Carl Friedrich seiner Ehefrau Henriette widmete. Dies hat er augenfällig in lateinischen Majuskeln am Säulenportikus verewigt. 1813 bis 1816 ließ Ottos Witwe Henriette Eleonore von Schönburg-Waldenburg in Erinnerung an ihren Mann an der exponierten Stelle des vormaligen Triangulars das Mausoleum errichten. Es blieb Kulisse, denn der Bau war schlicht zu feucht für seinen Zweck! Von den ehedem über 50 ausgeführten Parkarchitekturen sind heute nur wenige erhalten, darunter die Felsengrotte und das neogotische Teehaus von 1844/46. Mit seinen 113 ha Fläche lädt er auch heute noch zum Entdecken, Erleben, Staunen und Erholen ein!

SCHLOSSGARTEN TIEFENAU (Wülknitz)

In Tiefenau wächst sprichwörtlich neues Leben aus alten Mauern! Bauherr Henry de Jong hat große Pläne für das alte Rittergut und erweist sich als sensibler Denkmalschützer. 2017 erwarb er die 12 km nordöstlich von Riesa gelegene Gutsanlage: er plant an Stelle des 1948 abgerissenen Schlosses ein neues zu errichten – inmitten des erhaltenen barocken Gutshofensembles und vor der Kulisse des nach wie vor prächtigen Gartens! Der erste Bauherr August Ferdinand Graf von Pflugk (1662–1712), Oberhofmarschall und Premierminister unter August dem Starken hatte 1704 ein ebenfalls „bis auf den Grund" ruiniertes Rittergut erworben mit dem Ziel hier einen Neubau zu errichten. Die Gartengeschichte dieses Kleinods ist dank Denkmalpflegerin Henrike Schwarz bestens archivalisch dokumentiert. 1710 waren die Bauarbeiten vollendet und hinter dem stattlichen zweigeschossigen Schlossbau der Schlossgarten entstanden. Der Schlossbau war durch eine Brücke über einen parallel zum Schloss verlaufenden Graben mit dem Garten verbunden. Die Brücke markierte die Mittelachse des Gartens, der sich streng geometrisch in einzelne Gartenparterres gliederte. Den eigentlichen Garten umgab eine 3 m hohe Bruchsteinmauer. Die Hauptachse mündet heute in einem rückseitigen Tor mit rund 5 m hohen Pfeilern. Vier eingeschossige, dreiachsige, barocke und vasenbekrönte Pavillons mit Mansardzeltdächern erinnern an die Architektur des Großen Gartens ins Dresden. Einer dieser Pavillons hatte die Funktion einer Grotte, ein weiterer diente wie in Moritzburg als Gärtnerwohnung. Ein Brunnenbassin im Zentrum und vier von Tritonen geschmückte Springbrunnen an den Schnittpunkten der Nebenachsen betonen und beleben den Gartenraum. In seiner Anlage erinnert Tiefenau an die Nürnberger Gärten der Hesperiden. Die Hesperiden entstammen der griechischen Mythologie. Die Aufgabe dieser Nymphen bestand darin, die goldenen Früchte zu bewachen, galten doch goldene Äpfel als Sinnbild für Unsterblichkeit und ewige Jugend – eine wahre Frucht der Götter! Die Zitrusfrüchte als jene goldenen Äp-

fel der Mythologie muss man sich in Tiefenau hinzudenken. Das barocke Orangeriegebäude ist heute verschwunden. Ursprünglich betonten im Sommer Kübelpflanzen den Garten zusätzlich. Das Wasser für die Brunnenanlagen gelangte durch rund 8 km lange Holzleitungen von Görzig nach Tiefenau. Das Unterfangen war aufwendig und teuer, ebenso die bildhauerischen sehr hochwertigen Arbeiten. Die Arbeiten im Grottenpavillon werden Balthasar Permoser zugeschrieben. Das ist mit Blick auf die Stellung des Bauherrn auch kein allzu großes Wunder. Nach dem Zweiten Weltkrieg bedeutete der Abbruch des künstlerisch bedeutsamen Schlosses für die Gesamtanlage

Barockpark Tiefenau

einen großen Verlust. Der Schloss- wurde in einen Rosengarten verwandelt, den 6.500 Rosen zierten. Die Gutsgebäude wurden weiterhin landwirtschaftlich genutzt, doch stand am Ende ein sehr zerfallenes Ensemble, das auf seinen Märchenprinzen wartete. Der kam, sah und fing an zu bauen. De Jong plant ein Ferienresort mit der Gutsanlage im Zentrum – und einem Neubau des alten Schlosses. Schon jetzt lohnt der Garten nicht nur einen Besuch!

Innenraum der Muschelgrotte

LITERATURAUSWAHL

Ebert, Wils: Gohlis. Leipzig 1926.

Hennebo, Dieter; Hoffmann, Alfred: Geschichte der deutschen Gartenkunst, Bd. 2: Der architektonische Garten. Hamburg 1965.

Hennebo, Dieter; Hoffmann, Alfred: Geschichte der deutschen Gartenkunst, Bd. 3: Der Landschafts-garten. Reprint, Königstein/Ts. 1981.

Gottschalck, Anja: Die Entwicklung der Gärten des Rittergutes in Reinhardtsgrimma. In: AHA! Miszellen zur Gartengeschichte und Gartendenkmalpflege, Nr. 7 (2021), S. 38–87.

Hocquel-Schneider u. a.: Das Gohliser Schlösschen zu Leipzig. Berlin 2000.

Köhler, Marcus: Das Schloss Reinhardtsgrimma und seine Bewohner. In: AHA! Miszellen zur Gartengeschichte und Gartendenkmalpflege, Nr. 7 (2021), S. 8–37.

Löffler, Fritz: Das alte Dresden. Leipzig 1999.

Pevsner, Nikolaus: Leipziger Barock. Reprint, Leipzig 1990.

Rave, Paul Ortwin: Gärten der Barockzeit. Stuttgart 1951.

Sächsische Schlösserverwaltung (Hg.): Der Große Garten zu Dresden. Gartenkunst in vier Jahrhunderten. Dresden 2001.

Schwarz, Henrike: Der Schlossgarten Tiefenau. In: Denkmalpflege in Sachen. Jahrbuch 2019, S. 28–46.

Uerscheln, Gabriele: Meisterwerke der Gartenkunst. Stuttgart 2006.

Vogel, Gerd-Helge: „Der stillen Naturfreude". Otto Carl Friedrich von Schönburg-Waldenburg und der Grünfelder Park in Waldenburg. Niederjahna 2022.

Die Rhino-Westentaschen-Bibliothek

Unser komplettes Programm finden Sie im Internet unter: www.vggh.de

Neuerscheinungen Frühjahr 2025